· 여호와의 기업 ·

사진을 붙여주세요

매일매일 말씀으로 자라는

하나님의 말씀용사

나는 ＿＿＿＿＿＿ 입니다!

보라 자식들은 여호와의 기업이요
태의 열매는 그의 상급이로다

시편 127:3

303비전꿈나무

말씀암송 선포노트

여운학 · 김은희 함께 엮음

규장 • 303비전성경암송학교

303

Be joyful always.

하나님의 아름다운 선물

먼저, 303비전성경암송학교의 유니게 과정 1,2단계를 어린아이들의 눈높이에 맞게 엮어낼 수 있도록 은혜를 주신 하나님께 감사드립니다.

이 책은 이슬비암송학교(현 303비전성경암송학교) 유니게 과정 1기를 수료한 김은희 집사님이 '어떻게 하면 내 아이들과 말씀을 재미있게 암송하고, 또 아이들의 기억에 오래 남게 할 수 있을까?'를 기도하고 연구하며 실제로 사용했던 교재이기도 합니다.

엄마와 암송을 시작할 때 네 살, 다섯 살이던 딸들은 어느새 자라 장성한 청년이 되었지요. 김 집사님이 이 아이들을 이십 년간 가르치면서 경험한 구체적인 애로와 기쁨, 자녀의 성장 과정마다 하나님이 부어주신 놀라운 은혜와 또 후배 어머니들에게 나누고픈 지혜를 모아 《303비전꿈나무 말씀암송 선포노트》로 출간하게 된 것에 감사와 격려를 보냅니다.

이 책에는 아이들이 유니게 과정 1,2단계 200절의 말씀을 더 잘 기억할 수 있도록 말씀과 관련된 예쁜 그림들이 함께 실려 있습니다. 또 같은 말씀이라도 구절별, 의미별로 끊어 읽을 수 있도록 색깔을 달리하여 말씀을 기억하는 데 도움이 되도록 했습니다. 이처럼 말씀에 시각적 요소를 가미하여 아이들이 더 효과적으로 암송할 수 있게 한 지혜로운 구성이라고 생각합니다.

또한 다년간 암송 교육의 다양한 경험을 토대로 얻어진 아름다운 선물이기도 합니다. 앞으로 이 책이 널리 나눠짐으로써 더 많은 엄마와 자녀들이 즐겁고 기쁘게, 그리고 정확하고 빠르게 하나님의 말씀을 암송하여 무엇과도 바꿀 수 없는 말씀암송의 깊은 은혜를 풍성히 누리는 역사가 가정마다 일어나기를 기대합니다.

여운학 장로

《303비전꿈나무 말씀암송 선포노트》의 출간을 오랫동안 기다려왔는데, 이렇게 책으로 세상에 나오게 되어 너무 기쁩니다. 시간이 많이 지났지만, 암송노트가 처음 만들어지던 때를 어제 일처럼 또렷하게 기억합니다. 22년 전, 신문 전면에 '이슬비암송학교'(현 303비전성경암송학교)에서 유니게 과정을 시작한다는 광고가 났습니다. 그때 저는 대전에서 대안학교를 준비하면서 선교원을 운영하고 있었습니다. 마침 앞으로 시작할 기독교 대안학교에서 말씀을 암송하려고 했던 터라 암송교육을 해준다고 하여 정말 반가웠습니다. 그렇지만 대전에 살던 저는 교육에 직접 참여할 수가 없었습니다. 그래서 서울에 사는 동생에게 교육을 받고 저에게 가르쳐달라고 부탁했습니다. 동생인 김은희 집사는 그런 저의 부탁을 말없이 들어주었습니다.

김은희 집사는 이슬비암송학교를 다니며 열심히 말씀을 암송하더니 어린 두 딸을 위해 암송노트를 만들었습니다. 검은 글씨의 긴 성경구절을 여러 줄로 나누어 줄마다 색깔을 다르게 하고 옆에 그림까지 넣어 만든 암송교재였습니다. 암송하는 데 교재가 필요하리라 생각도 못 했는데, 어떻게 직접 교재를 만들 생각을 했는지 놀랄 뿐이었습니다. 동생이 만든 암송노트를 보니 너무 좋아서 제가 운영하고 있던 세빛선교원에서 당장 사용하기 시작했습니다.

학교에서 말씀을 암송하던 초기에는 아이들에게 말씀을 외우게 하고 검사를 했습니다. 그러나 암송은 외우는 것이 아니라 매일 선포하는 것이었습니다. 김은희 집사를 통해 암송에 대한 정확한 개념을 배우자 학교에 많은 변화가 일어났습니다. 암송노트를 보면서 매일 말씀을 선포했더니 아이들이 말씀을 외우는 것은 물론이고 스스로 한글을 깨우쳤습니다. 그리고 아이들뿐만 아니라 엄마들도 암송노트를 사용하기 시작했습니다. 몇 년 전부터는 암송노트를 구매하기 원하는 가정들이 생겨났습니다. 그러다 보니 암송노트가 책으로 출간되면 좋겠다는 생각이 간절했습니다.

세빛선교학교의 모든 학생이 선교원은 200절, 학교는 500절의 말씀을 암송하게 된 데는 여운학 장로님의 유니게 과정을 김은희 집사가 잘 배워서 우리에게 잘 전해주었기 때문이며, 또한 아이들과 함께할 수 있는 적절한 교재를 고안해주었기 때문이라고 생각합니다. 매일 말씀을 암송선포하려면 암송노트가 꼭 필요합니다. 이 책이 대안학교와 교회 주일학교 등에서 말씀암송훈련을 할 때 귀하게 사용되기를 바랍니다. 또한 말씀암송이 어렵고 두려운 사람들의 무거운 짐을 덜어주는 좋은 도구가 되기를 바랍니다.

아이들이 암송 수업 시간에 같은 책을 펴고 같은 소리로 함께 선포하여 학교에 말씀이 울려 퍼질 때 가슴이 벅차오릅니다. 다음세대의 자녀들이 어릴 때부터 말씀을 먹고 선포하며 하나님의 말씀용사들로 자라가길 소망합니다. 《303비전꿈나무 말씀암송 선포노트》를 통해 믿음의 다음세대에게 말씀을 새겨주는 일들이 일어나기를 기도합니다.

김문희
세빛선교학교 교장

"하나님이 맡기신 너무나 소중하고 존귀한 우리 아이들을 하나님의 자녀로 키우고 싶습니다!!"

아이들을 하나님의 자녀로 키우고 싶다는 강렬한 소망이 제 안에 늘 있었습니다. 하지만 어떻게 해야 자녀를 성경적으로 양육할 수 있는지, 방법을 몰랐습니다. 그저 교회 다니고 신앙생활 열심히 하면, 자녀들은 당연히 성경적으로 자랄 것이라 막연히 생각했던 것 같습니다.

그러다 자녀들에게 하나님의 말씀을 암송시켜야겠다는 아주 작은 생명의 빛이 들어왔습니다. 그래서 매주 주일학교에서 주는 요절말씀을 한 절씩 아이들에게 암송시켰습니다. 당시 세 살 된 아이에게 암송을 시키면 말도 제대로 못 하면서 웅얼웅얼하였는데 그 모습을 보며 즐거웠고, 사랑스러웠고, 뿌듯했습니다.

그러던 중 대전에서 세빛선교원과 세빛선교학교를 운영하는 작은언니인 김문희 교장선생님에게 '이슬비암송학교'(현 303비전성경암송학교)의 유니게 과정을 들어보고 암송 방법을 알려달라는 부탁을 받았습니다. 언니의 부탁으로 1999년 이슬비암송학교 유니게 과정에 참석하게 되었습니다. 그때는 그것이 저의 인생을 바꾸게 될 줄 몰랐습니다.

첫 시간, 그곳에서 만난 여운학 장로님은 엄마인 저에게 말씀을 암송하라고 하셨습니다. 그것도 고린도전서 13장 전장을! 아니, 학교 졸업하고 공부 안 한 지도 벌써 오래인데 암송을 하라니. 저는 말씀암송과 공부는 자녀들에게 시켜야 하는 것으로 생각했을 뿐 부모가 해야 한다는 생각은 전혀 없었습니다. 그런데 이슬비암송학교는 여운학 장로님이 다음세대의 비전을 가지고 자녀들을 훈련할 엄마들을 교육하는 곳이었습니다. 정확히 말하면, 엄마들이 먼저 말씀암송 훈련을 받고 집에 가서 자녀들에게 말씀암송을 훈련하는 것이 목적이었습니다. 순간 제 머릿속은 '내가 왜? 어떻게, 무슨 암송을?'이란 생각으로 가득했지만, 언니의 부탁도 있고 하니 암송 방법만 배워보자 마음먹었습니다.

그날부터 저는 손에 성경책을 들고 고린도전서 13장과 씨름했습니다. 쉽게 외워지지는 않았지만, 일주일 동안 외우려고 노력했습니다. 그런데 그 다음주에 찾아간 암송학교에서 또 한번 좌절했습니다. 이제는 자기가 암송하는 것이 아니라 자녀들에게 암송시키고, 자녀양육일기를 써오라는 것이었습니다. 그때 우리 아이들은 네 살, 다섯 살이었습니다. '이런 꼬맹이들에게 어떻게 이렇게 긴 구절을 암송시킨담! 이곳은 도저히 내가 있을 곳이 아니다'란 생각을 하며 암송학교를 그만두어야겠다고 생각했습니다.

그런데 집에 돌아온 저는, 저도 모르게 성경책을 펼치고 두 아이들을 불러서 "엄마 따라 해~!" 하며 아이들에게 말씀암송을 시키고 있었습니다. 그러자 놀라운 일이 벌어졌습니다. 저는 물론이고 큰딸과 작은딸도 1,2주 만에 고린도전서 13장 전장을 암송하게 된 것입니다. 부정적인 생각을 하며 암송학교를 그만둘까 말까를 고민하던 저에게 정말 놀라운 일이 아닐 수 없었습니다.

엄마표 암송 선포노트

어릴 적부터 자녀들에게 하나님의 말씀을 암송시켜야겠다는 아주 작은 생명의 빛과 같은 메시지가 본격적으로 열매를 맺으며 저와 저의 아이들의 삶을 변화시켰습니다. 그리고 어떻게 하면 아이들이 말씀 한 절이라도 더 쉽고 즐겁게 암송하도록 도와줄 수 있을까, 고민하였습니다.

'성경책은 글씨가 너무 작으니 글씨를 크게 해주자.'

'하니비암송법으로 구절을 나누고 구별할 수 있도록 글씨 색깔을 다르게 넣어보자.'

'자기만의 암송책을 만들어주자.'

그래서 암송할 말씀을 크게 타이핑하고 아이들이 좋아하는 여러 가지 색깔을 입혀 출력해주었습니다. 두 딸의 암송을 돕기 위해 수정하고 다시 출력하고, 또 수정하기를 반복했습니다. 그리고 뽑아준 말씀을 다 암송하면 새롭게 암송할 말씀을 또 만들어 주었습니다. 그렇게 매일 지속해서 반복하며 누적할 수 있는 엄마표 '말씀암송 선포노트'를 완성하였습니다. 이 책의 출발선이었던 셈입니다. 유니게 과정을 수료할 무렵, 우리 아이들은 놀랍게도 88절의 말씀을 암송하게 되었습니다.

유니게 과정을 수료하는 마지막 주에 여운학 장로님께 저와 아이들이 한 장 한 장 암송하며 클리어파일에 담아 완성한 말씀암송 선포노트와 녹음테이프를 선물로 드렸습니다. 유니게 과정을 하는 3개월 동안 저는 말씀암송의 은혜를 경험하며 주위 많은 분에게 말씀암송을 권유했고, 제가 만든 암송 선포노트를 선물로 드리기 시작했습니다.

매일 아침 암송 선포노트로 말씀을 선포하다 보니 자연스럽게 한글을 알게 되었다는 아이들이 생겨났습니다. 미국에 사는 한 집사님은 암송 선포노트로 말씀을 매일 선포한 덕분에 아이들이 암송을 잘하게 된 것은 물론이고 한국말을 잊어버리지 않을 수 있었다는 감사한 소식을 전해주었습니다. 교포 아이들이 암송 선포노트로 말씀을 암송하며 자연스럽게 한국말을 배우게 되기도 했습니다.

온누리교회의 영유치부 주중학교인 '엄마와 함께하는 샤이닝키즈 말씀암송학교'에서도 말씀암송 선포노트로 많은 어머니들과 아이들이 즐겁게 말씀암송을 했습니다. 또한 대전의 세빛선교원과 세빛선교학교에서도 이 노트를 교재로 사용하여 아이들이 즐겁고 힘차게 말씀을 선포하며 말씀 안에서 잘 자라가고 있습니다.

-

하나님의 말씀을 내 삶에 쌓아가는 것

우리는 모두 하나님을 사랑하고, 하나님의 말씀을 사모합니다. 그래서 그 말씀 안에서 살기를 바라지만, 방법을 잘 모릅니다. 제가 미국에서 만나 열심히 말씀암송을 함께한 집사님도 처음 말씀암송을 제안했을 때는 '아니요'라며 단번에 거절했습니다. 그러면서도 처음 하나님을 만나고 영접했을 때 '하나님, 저 성경 66권을 다 가지고 싶어요'라고 기도했고, 또 실제로도 그러고 싶다고 고백했습니다. 그 집사님께 "말씀을 암송하지 않고 어떻게 성경 66권을 가질 수 있을까요?"라고 하자, 바로 수긍하시며 "그렇구나! 그럼 우리 다음주부터 당장 말씀암송을 시작해요"라고 하며, 그 이후 정말 열심히 말씀암송 선포를 했습니다.

그렇습니다. 우리는 하나님의 말씀을 싫어하는 것도, 말씀암송을 싫어하는 것도 아닙니다. 단지 방법을 모를 뿐입니다. 우리의 마음과 행동을 연결하는 방법을 모를 뿐입니다. 대부분 말씀암송을 단순 암기라고 생각하기 때문에 어려운 것입니다. 하지만 아닙니다. 말씀암송은 암기과목이 아닙니다. 삶의 우선순위에 관한 문제입니다. 말씀암송을 내 삶의 우선순위로 두고 매일매일 조금씩 선포하며 암송해야 합니다. 그렇게 내 삶에 하나님의 말씀을 쌓아가는 것입니다.

우리가 말씀을 가지는 방법은 말씀을 매일 지속해서 반복하고 선포하면서 우리 영에 말씀을 누적해가는 것입니다. 이것을 가능하게 하는 것이 '하니비암송법'입니다. 아이들의 동기를 유발하면서 즐겁게 말씀을 선포하다 보면, 어느 날 암송이 되는 놀라운 경험을 하게 됩니다. 저도 '어떻게 암송을 해?'라는 부정적인 생각으로 가득했지만, 아이들과 함께 말씀을 선포하다 보니 정말 암송이 되기 시작했습니다. 그렇게 고린도전서 13장 1절부터 13절까지의 말씀을 1,2주 만에 모두 암송할 수 있었습니다. 나이 들고, 외우는 것을 정말 못하는 저와 너무 어려서 말도 아직 트이지 않은 우리 딸들이 암송해나가는 모습은 정말 감동적이었습니다. 매일 조금씩 지속하며 반복했을 뿐인데, 암송한 말씀이 날이 갈수록 50절, 80절, 100절로 누적되었습니다.

그리고 싫어하거나 힘들어하지 않고 오히려 즐겁게 말씀을 선포하며 암송하는 아이들의 모습이 정말 사랑스럽고, 감사했습니다. 물론 중간중간 고비도 있었지만, 그것은 말씀이 싫어서가 아니라 환경에서 오는 어려움으로 성령께서 주시는 말씀으로 훈계하고 나니 오히려 좋은 계기가 되어 다시 열심히 말씀을 암송하게 되었습니다.

우리 아이 눈높이에 꼭 맞는 말씀암송 선포노트

암송해보지 않은 상태에서 《303비전꿈나무 말씀암송 선포노트》를 보면, 모두 이 책을 가볍게 생각합니다. 그냥 글자에 색깔만 넣고 말씀을 써놓은 것이라고 말입니다. 책은 기본적으로 흰 바탕에 검정 글씨입니다. 그래야 가독성이 높아지기 때문입니다. 그런 면에서 보자면 이 책은 가독성이 좋지 않은, 책 같지 않은 책인 셈입니다.

하지만 이 책은 읽기 위한 책이 아닙니다. 하나님의 말씀을 아이들이 쉽게 암송할 수 있도록 도와주는 노트입니다. 아이들은 검은색 글씨보다는 색깔이 있는 글씨를 좋아합니다. 또한, 암송하기 위해서는 매일 책을 보면서 소리 높여 말씀을 선포해야 합니다. 그리고 엄마와 자녀가 함께 말씀을 선포해야 하므로 구절 안에서 숨 쉬는 부분이 같아야 합니다. 이런 부분들을 돕기 위해 끊어 읽어야 하는 부분에서 글줄을 바꾸었고, 각각의 글줄을 아이들이 좋아하는 여러 색깔로 표현하여 아이들의 관심을 더욱 집중시킬 수 있게 하였습니다. 또한 말씀과 관련된 그림들을 함께 삽입하여 아이들이 그림으로 말씀을 더욱더 쉽게 연상하고 기억할 수 있게 하였습니다.

저는 두 딸을 위해 암송노트를 만들어주면서 맨 앞에다 딸아이의 이름과 사진을 크게 넣어주었습니다. 아이들이 자신의 이름이 새겨진 자신만의 암송노트를 얼마나 좋아했는지 모릅니다. 자신만의 암송노트를 가슴에 꼭 안고 다니며 자랑하고, 밤에는 머리맡에 놓고 자며 말씀을 사랑하게 되었습니다. '말씀암송 선포노트' 덕분에 아이들이 즐겁게 말씀암송을 할 수 있었습니다. 그래서 이 책의 맨 앞에도 아이의 사진과 이름을 크게 넣을 수 있도록 디자인하였습니다. 아이들의 눈높이에 맞춰진 《말씀암송 선포노트》가 여러분의 자녀에게도 말씀암송을 즐겁게 시작할 수 있도록 동기를 일으켜줄 것입니다.

말씀암송은 반복 - 지속 - 누적을 통해서만 그 은혜를 누릴 수 있습니다. 《말씀암송 선포노트》는 저와 아이들이 즐겁게 성경 말씀을 암송하는 데 정말 큰 도움이 되었습니다.

끝으로, 제가 말씀암송 선포를 통해 자녀를 양육할 수 있도록 길을 제시해주시고 이끌어주신, 이 책을 있게 한 여운학 장로님께 감사합니다. 저의 성경적 자녀양육의 멘토가 되어준 언니 김문희 교장선생님, 물심양면으로 도와준 남편과 엄마를 따라 열심히 즐겁게 암송하며 순종해준 두 딸 다솜과 새미 덕분에 이 책이 나올 수 있게 되었습니다. 감사와 사랑의 마음을 전합니다. 부디 이 책이 말씀암송을 시작하려는 많은 분께 말씀암송 선포의 은혜를 더욱 쉽고 즐겁게 누리도록 돕는 귀한 도구가 되기를 기도합니다.

김은희

이렇게 활용하세요

1. 매일 낭독 선포하세요.

《말씀암송 선포노트》는 매일 말씀을 선포하기 편리하게 그리고 암기에 도움이 되게 만들었습니다. 매일 반복하며 자연스럽게 말씀을 우리의 뇌에 저장할 수 있도록 구절을 나누고 색상을 다르게 하여 기억이 더욱 잘되고 그림을 보며 연상이 되도록 하였습니다. 말씀을 암송할 때《말씀암송 선포노트》를 보며 소리 내어 낭독 선포해보세요.

2. 자신만의 예쁜 《말씀암송 선포노트》를 만들어요.

아이들은 자신의 이름과 사진이 들어간 책을 가질 때 참 기뻐합니다. 책 앞에 자녀의 이름과 예쁜 사진을 넣어 선물해주세요. 그러면 자신만의《말씀암송 선포노트》를 수시로 보며 하나님의 말씀을 사랑하고 아끼게 됩니다. 또한 말씀의 삶에 가까이 가는 동기가 됩니다.

3. 책의 순서대로 함께해요.

말씀암송 선포는 살아 계신 영의 말씀을 내 안에 새기고 연마하는 것입니다. 그렇기에 온전히 나의 힘으로만 하는 것이 아닙니다. 성령님의 도우심과 조명하심이 함께 있어야 합니다. 먼저, 기도로 시작하세요. 암송기도문과 주님이 가르쳐주신 주기도문을 하고, 303비전꿈나무송과 맘송을 부릅니다. 그다음 말씀암송 개념 구호를 선포하고 말씀암송을 시작하면 됩니다.

4. 하니비암송법으로 암송해요.

《말씀암송 선포노트》는 303비전성경암송학교에서 훈련받으면서 만든 것으로 하니비암송법을 적용하여 말씀을 반복하고 지속하며 누적하는 것입니다. 나누어진 구절을 반복하고 이어가면서 하나로 합치면 됩니다.

5. 말씀주소를 두 번 선포하세요.

말씀주소를 두 번 선포하는 것은 우리가 암송하는 말씀이 어느 말씀인지 정확하게 하기 위해서입니다. 이것은 나중에 성경을 읽고 공부할 때도 중요합니다. 암송할 범위를 말씀주소라고 하는데, 말씀주소를 먼저 말하고 성경 구절을 암송하세요. 말씀주소는 처음과 마지막에 두 번 선포합니다. 말씀주소는 범위를 나타내는 '~부터'를 사용하여 읽습니다. 말씀주소에서 Ⓐ표시는 전장이라는 의미이며, 절수 위에 있는 ✱표시는 그 장의 끝 절이라는 의미입니다.

> **예시** 신명기 6:4-9 말씀인 경우
> "신명기 6장 4절부터 9절까지의 말씀"
>
> 시편 1ᴬ:1-6✱ 말씀인 경우
> "시편 1편 전편 1절부터 6절까지의 말씀"
>
> 고린도전서 13ᴬ:1-13✱ 말씀인 경우
> "고린도전서 13장 전장 1절부터 13절까지의 말씀"
>
> 로마서 3:23,24 말씀인 경우
> "로마서 3장 23절, 24절 말씀"

6. 손가락으로 가리키며 암송하세요.

어린 자녀들의 손가락으로 말씀을 짚어가며 엄마가 한 번 읽으면, 아이가 따라서 한 번 읽습니다. 단순 암기가 아니라 암송선포이기 때문에《말씀암송 선포노트》보면서 엄마와 아이가 함께 선포합니다. 처음에는 엄마나 선생님을 따라서 선포하고, 암송이 되면 같은 속도로 함께 소리 내어 암송선포합니다. 이렇게 매일 암송하다 보면 아이들이 한글을 익히고 독서를 하는 데 도움이 됩니다.

7. 암송교재로 사용하세요.

《말씀암송 선포노트》는 303비전성경암송학교의 유니게 과정 1단계 100절과 2단계 100절, 총 200절로 구성되어 있습니다. 그래서 암송학교를 다니는 분들이나 선교원과 대안학교 또는 교회의 주일학교나 주중학교에서 암송교재로 사용할 수 있습니다. 이 책을 가지고 암송하면 암송이 쉬워집니다.

8. 가정에서 암송예배 드릴 때 사용하세요.

가정에서 자녀들과 암송예배를 드릴 때 《말씀암송 선포노트》로 말씀을 암송하여 함께 선포합니다. 또 기도와 찬양이 순서대로 있어 가정예배 시 사용할 수 있습니다.

9. 유산으로 남겨주세요.

《말씀암송 선포노트》를 어릴 때부터 매일 보고 선포하면, 추억이 있고 자신만의 손때가 묻은 사랑하는 성경책이 됩니다. 또한, 후손들에게 물려줄 수 있는 유산이 됩니다.

《말씀암송 선포노트》를 활용하면

· 빠르게 암송할 수 있습니다.
· 구절이 다른 색으로 구별되어 말씀 절수를 쉽게 기억할 수 있습니다.
· 한 페이지가 4,5절 정도로 구성되어 있어서 머릿속에서 책장이 넘어가는 효과가 있습니다.
· 아이들이 한글을 자연스럽게 익힐 수 있습니다.
· 아이들의 독서 습관을 잡아주는 데 도움이 됩니다.

말씀암송 선포 순서

1 기도(성경암송 기도문과 주기도문)

2 찬송(꿈나무송과 맘송을 부를 수 있습니다)

3 말씀암송 개념구호 선포

4 말씀암송 선포

5 하나님께 감사와 찬양의 박수

6 체크표 체크하기

성경암송 기도문

하나님 아버지!
변함없는 은혜와 사랑에
감사드립니다.

지금 이 시간
말씀이신 하나님을
내 안에 모셔 들이려고 합니다.

보혜사 성령님!!
이 시간 제 마음에
임하여주세요.

진리의 말씀을
사모하는 마음을 더하여주시고
날마다 기쁨과 감사함으로
말씀을 암송하게 하시고
새 시대를 열어갈
303비전꿈나무 모범생답게
말씀암송과 기도로 거룩하게 하옵소서.

말씀대로 살게 하사
예수님의 참 제자가 되게 하소서.

우리 주 그리스도
예수님의 이름으로 기도드립니다.
아멘.

주기도문

마태복음 6:9 – 13

9 그러므로 너희는 이렇게 기도하라
하늘에 계신 우리 아버지여
이름이 거룩히 여김을 받으시오며

10 나라가 임하시오며
뜻이 하늘에서 이루어진 것같이
땅에서도 이루어지이다

11 오늘 우리에게 일용할 양식을 주시옵고

12 우리가 우리에게 죄 지은 자를
사하여 준 것같이
우리 죄를 사하여 주시옵고

13 우리를 시험에 들게 하지 마시옵고
다만 악에서 구하시옵소서
(나라와 권세와 영광이 아버지께
영원히 있사옵나이다 아멘)

The Lord's Prayer

9 This, then, is how you should pray:
   'Our Father in heaven,
   hallowed be your name,

10 your kingdom come,
    your will be done,
    on earth as it is in heaven.

11 Give us today our daily bread.

12 And forgive us our debts,
    as we also have forgiven our debtors.

13 And lead us not into temptation,
    but deliver us from the evil one.'
    (For yours is the kingdom
    and the power
    and the glory forever.
    Amen.)

Matthew 6:9–13

303비전꿈나무송

작사 : 여운학(2007)
작곡 : 베토벤(1824)
새찬송가 64장 〈기뻐하며 경배하세〉 곡

1 말씀으로 천지만물 아름답게 지으신
하나님의 크신 사랑 보답할 길 없어라
영의 양식 말씀 먹고 지혜롭게 자라자
새 시대를 열어갈 삼공삼비전 꿈나무

2 말씀암송 천하무적 전신갑주 입고서
성령의 검 믿음방패 승리하며 살리라
정직하고 성실하게 말씀대로 살리라
하나님의 아들딸 삼공삼비전 꿈나무

3 말씀암송 우선순위 우리 삶의 푯대라
말씀묵상 적용실천 우리 세대 몫이라
말씀으로 승리하는 새 시대의 사명자
예수님의 참제자 삼공삼비전 꿈나무

4   말씀암송 찬송기도 우리 가정 예배로
    사랑하는 부모형제 천국 가정 이루리
    오늘 내일 빠짐없는 즐거움의 한 시간
    씩씩하게 자라갈 삼공삼비전 꿈나무

5   성경암송 가르치는 우리 교회 학교라
    선생님의 모범 따라 암송교육 익혀서
    우리 모두 하나같이 암송 모범생이라
    의의 나라 세워갈 삼공삼비전 꿈나무

암송

작사 : 여운학(1999)
작곡 : P. P. 블리스(1874)
새찬송가 200장 〈달고 오묘한 그 말씀〉 곡

1 엄마와 함께 암송한 하나님 말씀을
  내 평생 묵상하면서 내 양식 삼으니
  나의 모든 삶이 말씀으로 찼네

2 어릴 때 즐겨 암송한 진리의 말씀이
  어려울 때나 슬플 때 참된 위로 주시고
  주의 선하신 뜻을 밝히 보이시네

3 힘써서 외운 이 말씀 생명의 말씀이
  믿는 자 마음속에서 역사하시도다
  신비한 능력의 말씀 내 생명 깨워주시네

후렴

복되고도 즐겁도다
묵상의 삶이여
어린 시절 외운 말씀
영원한 보배라

말씀암송 개념 구호

1 (말씀)이신 하나님을
내 안에 (모시고) 심고 새기는
즐거운 (수고)와 (노동)인 (헌신)입니다.

요한복음 1:1   태초에 말씀이 계시니라 이 말씀이 하나님과 함께 계셨으니
이 말씀은 곧 하나님이시니라

2 내 영이 (주의 형상)으로 자라가도록
생명의 떡인 (영의 양식)을 먹는
맛있는 식사시간입니다.

요한복음 6:55   내 살은 참된 양식이요 내 피는 참된 음료로다

3 살아 있고 활력이 있는 말씀을
(선포)하는 (거룩한 작업)입니다.

히브리서 4:12   하나님의 말씀은 살아 있고 활력이 있어 좌우에 날선
어떤 검보다도 예리하여 혼과 영과 및 관절과 골수를 찔러
쪼개기까지 하며 또 마음의 생각과 뜻을 판단하나니

4 말씀이신 (성령)의 검을
갈고닦는 (훈련)으로 명검을 소유한
하나님의 (말씀용사)가 되는 것입니다.

에베소서 6:17   구원의 투구와 성령의 검 곧 하나님의 말씀을 가지라

303비전꿈나무

1 단계

1

1단계 총 100절 말씀

	말씀 구절	절수
1	고린도전서 13[Ⓐ]:1–13*	13
2	신명기 6:4–9(쉐마)	6
3	로마서 3:23,24	2
4	갈라디아서 2:20	1
5	마태복음 7:7–14	8
6	시편 1[Ⓐ]:1–6*	6
7	시편 23[Ⓐ]:1–6*	6
8	시편 100[Ⓐ]:1–5*	5
9	마태복음 5:1–16	16
10	데살로니가전서 2:13	1
11	고린도후서 5:17	1
12	요한복음 1:1–18	18
13	요한복음 15:1–17	17
	총 절수	100

반복 — 지속 — 누적

고린도전서 13®:1-13*

1 내가 사람의 방언과 천사의 말을 할지라도
사랑이 없으면 소리 나는 구리와
울리는 꽹과리가 되고

2 내가 예언하는 능력이 있어
모든 비밀과 모든 지식을 알고
또 산을 옮길 만한 모든 믿음이 있을지라도
사랑이 없으면 내가 아무것도 아니요

3 내가 내게 있는 모든 것으로 구제하고
또 내 몸을 불사르게 내줄지라도
사랑이 없으면 내게 아무 유익이 없느니라

4 사랑은 오래 참고
사랑은 온유하며 시기하지 아니하며
사랑은 자랑하지 아니하며
교만하지 아니하며

5   무례히 행하지 아니하며
    자기의 유익을 구하지 아니하며
    성내지 아니하며
    악한 것을 생각하지 아니하며

6   불의를 기뻐하지 아니하며
    진리와 함께 기뻐하고

7   모든 것을 참으며 모든 것을 믿으며
    모든 것을 바라며 모든 것을 견디느니라

8   사랑은 언제까지나 떨어지지 아니하되
    예언도 폐하고 방언도 그치고
    지식도 폐하리라

9   우리는 부분적으로 알고
    부분적으로 예언하니

10 온전한 것이 올 때에는
    부분적으로 하던 것이 폐하리라

11 내가 어렸을 때에는
    말하는 것이 어린아이와 같고
    깨닫는 것이 어린아이와 같고
    생각하는 것이 어린아이와 같다가
    장성한 사람이 되어서는
    어린아이의 일을 버렸노라

12 우리가 지금은 거울로 보는 것같이 희미하나
    그때에는 얼굴과 얼굴을 대하여 볼 것이요
    지금은 내가 부분적으로 아나
    그때에는 주께서 나를 아신 것같이
    내가 온전히 알리라

13 그런즉 믿음, 소망, 사랑,
    이 세 가지는 항상 있을 것인데
    그중의 제일은 사랑이라

    고린도전서 13[Ⓐ]:1–13[*]

신명기 6:4-9 (쉐마)

4   이스라엘아 들으라
     우리 하나님 여호와는
     오직 유일한 여호와이시니

5   너는 마음을 다하고
     뜻을 다하고 힘을 다하여
     네 하나님 여호와를 사랑하라

6   오늘 내가 네게 명하는 이 말씀을
     너는 마음에 새기고

7   네 자녀에게 부지런히 가르치며
     집에 앉았을 때에든지
     길을 갈 때에든지
     누워 있을 때에든지
     일어날 때에든지
     이 말씀을 강론할 것이며

8 너는 또 그것을
  네 손목에 매어 기호를 삼으며
  네 미간에 붙여 표로 삼고

9 또 네 집 문설주와
  바깥 문에 기록할지니라

신명기 6:4-9

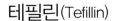

테필린(Tefillin)

메주자(Mezuzah)

로마서 3:23,24

23 모든 사람이 죄를 범하였으매
하나님의 영광에 이르지 못하더니

24 그리스도 예수 안에 있는
속량으로 말미암아
하나님의 은혜로
값 없이 의롭다 하심을
얻은 자 되었느니라

로마서 3:23,24

갈라디아서 2:20

20 내가 그리스도와 함께
십자가에 못 박혔나니
그런즉 이제는 내가 사는 것이 아니요
오직 내 안에 그리스도께서 사시는 것이라
이제 내가 육체 가운데 사는 것은
나를 사랑하사 나를 위하여 자기 자신을 버리신
하나님의 아들을 믿는 믿음 안에서 사는 것이라

갈라디아서 2:20

마태복음 7:7-14

7 구하라 그리하면 너희에게 주실 것이요
찾으라 그리하면 찾아낼 것이요
문을 두드리라 그리하면 너희에게 열릴 것이니

8 구하는 이마다 받을 것이요
찾는 이는 찾아낼 것이요
두드리는 이에게는 열릴 것이니라

9 너희 중에 누가 아들이
떡을 달라 하는데 돌을 주며

10 생선을 달라 하는데
뱀을 줄 사람이 있겠느냐

11 너희가 악한 자라도
좋은 것으로 자식에게 줄 줄 알거든
하물며 하늘에 계신 너희 아버지께서
구하는 자에게 좋은 것으로 주시지 않겠느냐

12 그러므로 무엇이든지
    남에게 대접을 받고자 하는 대로
    너희도 남을 대접하라
    이것이 율법이요 선지자니라

13 좁은 문으로 들어가라
    멸망으로 인도하는 문은
    크고 그 길이 넓어
    그리로 들어가는 자가 많고

14 생명으로 인도하는 문은
    좁고 길이 협착하여
    찾는 자가 적음이라

    마태복음 7:7-14

생명의 길

멸망의 길

시편 1[Ⓐ]:1-6*

1 복 있는 사람은
   악인들의 꾀를 따르지 아니하며
   죄인들의 길에 서지 아니하며
   오만한 자들의 자리에 앉지 아니하고

2 오직 여호와의 율법을 즐거워하여
   그의 율법을 주야로 묵상하는도다

3 그는 시냇가에 심은 나무가
   철을 따라 열매를 맺으며
   그 잎사귀가 마르지 아니함 같으니
   그가 하는 모든 일이 다 형통하리로다

4 악인들은 그렇지 아니함이여
   오직 바람에 나는 겨와 같도다

5 그러므로 악인들은 심판을 견디지 못하며
   죄인들이 의인들의 모임에 들지 못하리로다

6 무릇 의인들의 길은
   여호와께서 인정하시나
   악인들의 길은 망하리로다

시편 1[Ⓐ]:1-6*

시편 23Ⓐ:1-6*

1   여호와는 나의 목자시니
     내게 부족함이 없으리로다

2   그가 나를 푸른 풀밭에 누이시며
     쉴 만한 물 가로 인도하시는도다

3   내 영혼을 소생시키시고
     자기 이름을 위하여
     의의 길로 인도하시는도다

4   내가 사망의 음침한 골짜기로 다닐지라도
     해를 두려워하지 않을 것은
     주께서 나와 함께 하심이라
     주의 지팡이와 막대기가
     나를 안위하시나이다

5 주께서 내 원수의 목전에서
   내게 상을 차려 주시고
   기름을 내 머리에 부으셨으니
   내 잔이 넘치나이다

6 내 평생에 선하심과 인자하심이
   반드시 나를 따르리니
   내가 여호와의 집에
   영원히 살리로다

   시편 23ⓐ:1-6*

시편 100Ⓐ:1-5*

1 온 땅이여 여호와께
즐거운 찬송을 부를지어다

2 기쁨으로 여호와를 섬기며
노래하면서
그의 앞에 나아갈지어다

3 여호와가 우리 하나님이신 줄
너희는 알지어다
그는 우리를 지으신 이요
우리는 그의 것이니
그의 백성이요
그의 기르시는 양이로다

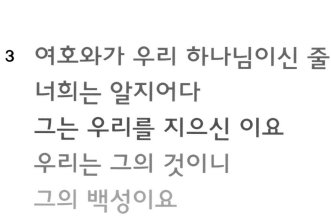

4   감사함으로 그의 문에 들어가며
    찬송함으로 그의 궁정에 들어가서
    그에게 감사하며
    그의 이름을 송축할지어다

5   여호와는 선하시니
    그의 인자하심이 영원하고
    그의 성실하심이 대대에 이르리로다

시편 100[Ⓐ]:1-5*

마태복음 5:1-16

1 예수께서 무리를 보시고
   산에 올라가 앉으시니
   제자들이 나아온지라

2 입을 열어 가르쳐 이르시되

3 심령이 가난한 자는 복이 있나니
   천국이 그들의 것임이요

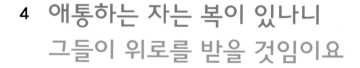

4 애통하는 자는 복이 있나니
   그들이 위로를 받을 것임이요

5 온유한 자는 복이 있나니
   그들이 땅을 기업으로 받을 것임이요

6 의에 주리고 목마른 자는 복이 있나니
   그들이 배부를 것임이요

7 긍휼히 여기는 자는 복이 있나니
   그들이 긍휼히 여김을 받을 것임이요

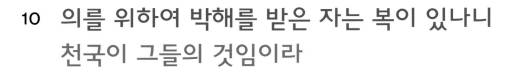

8 마음이 청결한 자는 복이 있나니
   그들이 하나님을 볼 것임이요

9 화평하게 하는 자는 복이 있나니
   그들이 하나님의 아들이라
   일컬음을 받을 것임이요

10 의를 위하여 박해를 받은 자는 복이 있나니
   천국이 그들의 것임이라

11 나로 말미암아 너희를 욕하고 박해하고
   거짓으로 너희를 거슬러
   모든 악한 말을 할 때에는
   너희에게 복이 있나니

12 기뻐하고 즐거워하라
하늘에서 너희의 상이 큼이라
너희 전에 있던 선지자들도
이같이 박해하였느니라

13 너희는 세상의 소금이니
소금이 만일 그 맛을 잃으면
무엇으로 짜게 하리요
후에는 아무 쓸데없어
다만 밖에 버려져
사람에게 밟힐 뿐이니라

14 너희는 세상의 빛이라
산 위에 있는 동네가
숨겨지지 못할 것이요

15 사람이 등불을 켜서
말 아래에 두지 아니하고
등경 위에 두나니
이러므로 집 안 모든 사람에게 비치느니라

16 이같이 너희 빛이
사람 앞에 비치게 하여
그들로 너희 착한 행실을 보고
하늘에 계신 너희 아버지께
영광을 돌리게 하라

마태복음 5:1-16

데살로니가전서 2:13

13 이러므로 우리가
하나님께 끊임없이 감사함은
너희가 우리에게 들은 바
하나님의 말씀을 받을 때에
사람의 말로 받지 아니하고
하나님의 말씀으로 받음이니
진실로 그러하도다
이 말씀이 또한 너희 믿는 자
가운데에서 역사하느니라

데살로니가전서 2:13

고린도후서 5:17

17 그런즉 누구든지
그리스도 안에 있으면
새로운 피조물이라
이전 것은 지나갔으니
보라 새 것이 되었도다

고린도후서 5:17

요한복음 1:1-18

1 태초에 말씀이 계시니라
이 말씀이 하나님과 함께 계셨으니
이 말씀은 곧 하나님이시니라

2 그가 태초에 하나님과 함께 계셨고

3 만물이 그로 말미암아 지은 바 되었으니
지은 것이 하나도
그가 없이는 된 것이 없느니라

4 그 안에 생명이 있었으니
이 생명은 사람들의 빛이라

5 빛이 어둠에 비치되
어둠이 깨닫지 못하더라

6 하나님께로부터 보내심을 받은
사람이 있으니
그의 이름은 요한이라

7 그가 증언하러 왔으니
곧 빛에 대하여 증언하고
모든 사람이 자기로 말미암아
믿게 하려 함이라

8 그는 이 빛이 아니요
이 빛에 대하여 증언하러 온 자라

9 참 빛 곧 세상에 와서
각 사람에게 비추는 빛이 있었나니

10 그가 세상에 계셨으며
세상은 그로 말미암아 지은 바 되었으되
세상이 그를 알지 못하였고

11   자기 땅에 오매 자기 백성이
      영접하지 아니하였으나

12   영접하는 자
      곧 그 이름을 믿는 자들에게는
      하나님의 자녀가 되는
      권세를 주셨으니

13   이는 혈통으로나 육정으로나
      사람의 뜻으로 나지 아니하고
      오직 하나님께로부터
      난 자들이니라

14   말씀이 육신이 되어 우리 가운데 거하시매
      우리가 그의 영광을 보니
      아버지의 독생자의 영광이요
      은혜와 진리가 충만하더라

15 요한이 그에 대하여
증언하여 외쳐 이르되
내가 전에 말하기를
내 뒤에 오시는 이가 나보다 앞선 것은
나보다 먼저 계심이라 한 것이
이 사람을 가리킴이라 하니라

16 우리가 다 그의 충만한 데서 받으니
은혜 위에 은혜러라

17 율법은 모세로 말미암아
주어진 것이요
은혜와 진리는 예수 그리스도로
말미암아 온 것이라

18 본래 하나님을 본 사람이 없으되
아버지 품 속에 있는
독생하신 하나님이 나타내셨느니라

요한복음 1:1-18

요한복음 15:1-17

1 나는 참포도나무요
내 아버지는 농부라

2 무릇 내게 붙어 있어
열매를 맺지 아니하는 가지는
아버지께서 그것을 제거해 버리시고
무릇 열매를 맺는 가지는
더 열매를 맺게 하려 하여
그것을 깨끗하게 하시느니라

3 너희는 내가 일러준 말로
이미 깨끗하여졌으니

4 내 안에 거하라 나도 너희 안에 거하리라
가지가 포도나무에 붙어 있지 아니하면
스스로 열매를 맺을 수 없음같이
너희도 내 안에 있지 아니하면 그러하리라

5 나는 포도나무요 너희는 가지라
그가 내 안에, 내가 그 안에 거하면
사람이 열매를 많이 맺나니
나를 떠나서는
너희가 아무것도 할 수 없음이라

6 **사람이 내 안에 거하지 아니하면**
가지처럼 밖에 버려져 마르나니
사람들이 그것을 모아다가
불에 던져 사르느니라

7 너희가 내 안에 거하고
내 말이 너희 안에 거하면
무엇이든지 원하는 대로 구하라
그리하면 이루리라

8 너희가 열매를 많이 맺으면
내 아버지께서 영광을 받으실 것이요
너희는 내 제자가 되리라

9 아버지께서 나를 사랑하신 것같이
   나도 너희를 사랑하였으니
   나의 사랑 안에 거하라

10 내가 아버지의 계명을 지켜
   그의 사랑 안에 거하는 것같이
   너희도 내 계명을 지키면
   내 사랑 안에 거하리라

11 내가 이것을 너희에게 이름은
   내 기쁨이 너희 안에 있어
   너희 기쁨을 충만하게 하려 함이라

12 내 계명은 곧 내가 너희를 사랑한 것같이
   너희도 서로 사랑하라 하는 이것이니라

13 사람이 친구를 위하여 자기 목숨을 버리면
   이보다 더 큰 사랑이 없나니

14 너희는 내가 명하는 대로 행하면
   곧 나의 친구라

15 이제부터는 너희를 종이라 하지 아니하리니
   종은 주인이 하는 것을 알지 못함이라
   너희를 친구라 하였노니
   내가 내 아버지께 들은 것을
   다 너희에게 알게 하였음이라

16 너희가 나를 택한 것이 아니요
   내가 너희를 택하여 세웠나니
   이는 너희로 가서 열매를 맺게 하고
   또 너희 열매가 항상 있게 하여
   내 이름으로 아버지께
   무엇을 구하든지
   다 받게 하려 함이라

17 내가 이것을 너희에게 명함은
   너희로 서로 사랑하게 하려 함이라

   요한복음 15:1-17

303비전꿈나무

2단계

2단계 총 100절 말씀

	말씀 구절	절수
1	창세기 1:1	1
2	출애굽기 20:1–21	21
3	신명기 28:1–6	6
4	여호수아 1:8,9	2
5	여호수아 6:1–3	3
6	시편 8Ⓐ:1–9*	9
7	창세기 12:1–4	4
8	시편 150Ⓐ:1–6*	6
9	이사야 1:18–20	3
10	이사야 14:24–27	4
11	잠언 16:1–9	9
12	시편 107:9	1
13	잠언 8:17	1
14	하박국 3:17–19*	3
15	마태복음 7:1–6	6
16	이사야 40:27–31*	5
17	예레미야 33:1–3	3
18	마태복음 11:28–30*	3
19	이사야 41:10	1
20	사도행전 1:1–8	8
21	마태복음 6:33	1
	총 절수	100

창세기 1:1

1 태초에
하나님이
천지를
창조하시니라

창세기 1:1

출애굽기 20:1-21

1 하나님이 이 모든 말씀으로
말씀하여 이르시되

2 나는 너를 애굽 땅,
종 되었던 집에서 인도하여 낸
네 하나님 여호와니라

3 너는 나 외에는
다른 신들을 네게 두지 말라

4 너를 위하여 새긴 우상을 만들지 말고
또 위로 하늘에 있는 것이나
아래로 땅에 있는 것이나
땅 아래 물 속에 있는 것의
어떤 형상도 만들지 말며

5 그것들에게 절하지 말며
그것들을 섬기지 말라
나 네 하나님 여호와는
질투하는 하나님인즉
나를 미워하는 자의 죄를 갚되
아버지로부터 아들에게로
삼사 대까지 이르게 하거니와

6 나를 사랑하고 내 계명을 지키는 자에게는
천 대까지 은혜를 베푸느니라

7 너는 네 하나님 여호와의 이름을
망령되게 부르지 말라
여호와는 그의 이름을 망령되게 부르는 자를
죄 없다 하지 아니하리라

8 안식일을 기억하여 거룩하게 지키라

9 엿새 동안은 힘써 네 모든 일을 행할 것이나

10 일곱째 날은
네 하나님 여호와의 안식일인즉
너나 네 아들이나 네 딸이나
네 남종이나 네 여종이나
네 가축이나 네 문안에 머무는 객이라도
아무 일도 하지 말라

11 이는 엿새 동안에 나 여호와가
하늘과 땅과 바다와
그 가운데 모든 것을 만들고
일곱째 날에 쉬었음이라
그러므로 나 여호와가
안식일을 복되게 하여
그 날을 거룩하게 하였느니라

12 네 부모를 공경하라
그리하면 네 하나님 여호와가
네게 준 땅에서
네 생명이 길리라

13 살인하지 말라

14 간음하지 말라

15 도둑질하지 말라

16 네 이웃에 대하여
거짓 증거하지 말라

17 네 이웃의 집을 탐내지 말라
네 이웃의 아내나
그의 남종이나
그의 여종이나
그의 소나 그의 나귀나
무릇 네 이웃의 소유를 탐내지 말라

18 뭇 백성이 우레와 번개와
나팔 소리와 산의 연기를 본지라
그들이 볼 때에
떨며 멀리 서서

19 모세에게 이르되
당신이 우리에게 말씀하소서
우리가 들으리이다
하나님이 우리에게
말씀하시지 말게 하소서
우리가 죽을까 하나이다

20 모세가 백성에게 이르되
두려워하지 말라
하나님이 임하심은
너희를 시험하고 너희로 경외하여
범죄하지 않게 하려 하심이니라

21 백성은 멀리 서 있고
모세는 하나님이 계신
흑암으로 가까이 가니라

출애굽기 20:1-21

MEMO

신명기 28:1-6

1 네가 네 하나님
여호와의 말씀을 삼가 듣고
내가 오늘 네게 명령하는
그의 모든 명령을 지켜 행하면
네 하나님 여호와께서
너를 세계 모든 민족 위에
뛰어나게 하실 것이라

2 네가 네 하나님
여호와의 말씀을 청종하면
이 모든 복이
네게 임하며
네게 이르리니

3 성읍에서도 복을 받고
   들에서도 복을 받을 것이며

4 네 몸의 자녀와
   네 토지의 소산과
   네 짐승의 새끼와
   소와 양의 새끼가
   복을 받을 것이며

5 네 광주리와 떡 반죽 그릇이
   복을 받을 것이며

6 네가 들어와도 복을 받고
   나가도 복을 받을 것이니라

   신명기 28:1-6

여호수아 1:8,9

8 이 율법책을
네 입에서 떠나지 말게 하며
주야로 그것을 묵상하여
그 안에 기록된 대로
다 지켜 행하라
그리하면 네 길이
평탄하게 될 것이며
네가 형통하리라

9 내가 네게 명령한 것이 아니냐
강하고 담대하라
두려워하지 말며
놀라지 말라
네가 어디로 가든지
네 하나님 여호와가
너와 함께 하느니라 하시니라

여호수아 1:8,9

여호수아 6:1-3

1 이스라엘 자손들로 말미암아
  여리고는 굳게 닫혔고
  출입하는 자가 없더라

2 여호와께서
  여호수아에게 이르시되
  보라 내가 여리고와
  그 왕과 용사들을
  네 손에 넘겨 주었으니

3 너희 모든 군사는
  그 성을 둘러 성 주위를
  매일 한 번씩 돌되
  엿새 동안을 그리하라

  여호수아 6:1-3

시편 8ⓐ:1-9*

1 여호와 우리 주여 주의 이름이
온 땅에 어찌 그리 아름다운지요
주의 영광이 하늘을 덮었나이다

2 주의 대적으로 말미암아
어린아이들과
젖먹이들의 입으로
권능을 세우심이여
이는 원수들과 보복자들을
잠잠하게 하려 하심이니이다

3 주의 손가락으로 만드신
주의 하늘과
주께서 베풀어 두신 달과
별들을 내가 보오니

4 사람이 무엇이기에 주께서 그를 생각하시며
  인자가 무엇이기에
  주께서 그를 돌보시나이까

5 그를 하나님보다 조금 못하게 하시고
  영화와 존귀로 관을 씌우셨나이다

6 주의 손으로 만드신 것을 다스리게 하시고
  만물을 그의 발 아래 두셨으니

7 곧 모든 소와 양과 들짐승이며

8 공중의 새와 바다의 물고기와
  바닷길에 다니는 것이니이다

9 여호와 우리 주여 주의 이름이
  온 땅에 어찌 그리 아름다운지요

시편 8[ⓐ]:1-9*

창세기 12:1-4

1 여호와께서 아브람에게 이르시되
너는 너의 고향과 친척과
아버지의 집을 떠나
내가 네게 보여 줄 땅으로 가라

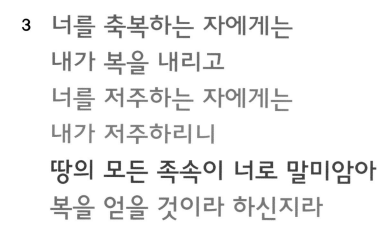

2 내가 너로 큰 민족을 이루고
네게 복을 주어
네 이름을 창대하게 하리니
너는 복이 될지라

3 너를 축복하는 자에게는
내가 복을 내리고
너를 저주하는 자에게는
내가 저주하리니
땅의 모든 족속이 너로 말미암아
복을 얻을 것이라 하신지라

4 이에 아브람이 여호와의 말씀을 따라갔고
  롯도 그와 함께 갔으며
  아브람이 하란을 떠날 때에
  칠십오 세였더라

창세기 12:1-4

시편 150ⓐ:1-6*

1 할렐루야
그의 성소에서 하나님을 찬양하며
그의 권능의 궁창에서
그를 찬양할지어다

2 그의 능하신 행동을 찬양하며
그의 지극히 위대하심을 따라
찬양할지어다

3 나팔 소리로 찬양하며
비파와 수금으로 찬양할지어다

4 소고 치며 춤추어 찬양하며
현악과 퉁소로 찬양할지어다

5   큰 소리 나는 제금으로 찬양하며
높은 소리 나는 제금으로
찬양할지어다

6   호흡이 있는 자마다
여호와를 찬양할지어다
할렐루야

시편 150[Ⓐ]:1-6*

이사야 1:18-20

18 여호와께서 말씀하시되
오라 우리가 서로 변론하자
너희의 죄가
주홍 같을지라도
눈과 같이 희어질 것이요
진홍같이 붉을지라도
양털같이 희게 되리라

19 너희가 즐겨 순종하면
땅의 아름다운
소산을 먹을 것이요

20 너희가 거절하여 배반하면
칼에 삼켜지리라
여호와의 입의 말씀이니라

이사야 1:18-20

쥐엄열매

이사야 14:24-27

24 만군의 여호와께서 맹세하여 이르시되
내가 생각한 것이 반드시 되며
내가 경영한 것을 반드시 이루리라

25 내가 앗수르를 나의 땅에서 파하며
나의 산에서 그것을 짓밟으리니
그때에 그의 멍에가 이스라엘에게서 떠나고
그의 짐이 그들의 어깨에서 벗어질 것이라

26 이것이 온 세계를 향하여 정한 경영이며
이것이 열방을 향하여 편 손이라 하셨나니

27 만군의 여호와께서 경영하셨은즉
누가 능히 그것을 폐하며
그의 손을 펴셨은즉
누가 능히 그것을 돌이키랴

이사야 14:24-27

잠언 16:1-9

1 마음의 경영은 사람에게 있어도
말의 응답은
여호와께로부터 나오느니라

2 사람의 행위가
자기 보기에는 모두 깨끗하여도
여호와는 심령을 감찰하시느니라

3 너의 행사를 여호와께 맡기라
그리하면
네가 경영하는 것이 이루어지리라

4 여호와께서 온갖 것을
그 쓰임에 적당하게 지으셨나니
악인도 악한 날에
적당하게 하셨느니라

5 무릇 마음이 교만한 자를
   여호와께서 미워하시나니
   피차 손을 잡을지라도
   벌을 면하지 못하리라

6 인자와 진리로 인하여 죄악이 속하게 되고
   여호와를 경외함으로 말미암아
   악에서 떠나게 되느니라

7 사람의 행위가 여호와를 기쁘시게 하면
   그 사람의 원수라도
   그와 더불어 화목하게 하시느니라

8 적은 소득이 공의를 겸하면
   많은 소득이 불의를 겸한 것보다 나으니라

9 사람이 마음으로 자기의 길을 계획할지라도
   그의 걸음을 인도하시는 이는
   여호와시니라

   잠언 16:1-9

시편 107:9

9 그가 사모하는 영혼에게
   만족을 주시며
   주린 영혼에게
   좋은 것으로 채워주심이로다

시편 107:9

잠언 8:17

17 나를 사랑하는 자들이
  나의 사랑을 입으며
  나를 간절히 찾는 자가
  나를 만날 것이니라

잠언 8:17

하박국 3:17-19*

17 비록 무화과나무가 무성하지 못하며
포도나무에 열매가 없으며
감람나무에 소출이 없으며
밭에 먹을 것이 없으며
우리에 양이 없으며
외양간에 소가 없을지라도

18 나는 여호와로 말미암아 즐거워하며
나의 구원의 하나님으로 말미암아
기뻐하리로다

19 주 여호와는 나의 힘이시라
나의 발을 사슴과 같게 하사
나를 나의 높은 곳으로 다니게 하시리로다
이 노래는 지휘하는 사람을 위하여
내 수금에 맞춘 것이니라

하박국 3:17-19*

MEMO

마태복음 7:1-6

1   비판을 받지 아니하려거든 비판하지 말라

2   너희가 비판하는 그 비판으로
    너희가 비판을 받을 것이요
    너희가 헤아리는 그 헤아림으로
    너희가 헤아림을 받을 것이니라

3   어찌하여 형제의 눈 속에 있는 티는 보고
    네 눈 속에 있는 들보는 깨닫지 못하느냐

4   보라 네 눈 속에 들보가 있는데
    어찌하여 형제에게 말하기를
    나로 네 눈 속에 있는
    티를 빼게 하라 하겠느냐

5   외식하는 자여
　　먼저 네 눈 속에서 들보를 빼어라
　　그 후에야 밝히 보고
　　형제의 눈 속에서 티를 빼리라

6   거룩한 것을 개에게 주지 말며
　　너희 진주를 돼지 앞에 던지지 말라
　　그들이 그것을 발로 밟고
　　돌이켜 너희를 찢어 상하게 할까 염려하라

　　마태복음 7:1-6

이사야 40:27-31*

27 야곱아 어찌하여 네가 말하며
   이스라엘아 네가 이르기를
   내 길은 여호와께 숨겨졌으며
   내 송사는 내 하나님에게서
   벗어난다 하느냐

28 너는 알지 못하였느냐
   듣지 못하였느냐
   영원하신 하나님 여호와,
   땅 끝까지 창조하신 이는
   피곤하지 않으시며
   곤비하지 않으시며
   명철이 한이 없으시며

29 피곤한 자에게는 능력을 주시며
   무능한 자에게는 힘을 더하시나니

30   소년이라도
      피곤하며 곤비하며
      장정이라도
      넘어지며 쓰러지되

31   오직 여호와를 앙망하는 자는
      새 힘을 얻으리니
      독수리가 날개 치며
      올라감 같을 것이요
      달음박질하여도
      곤비하지 아니하겠고
      걸어가도 피곤하지 아니하리로다

이사야 40:27-31*

예레미야 33:1-3

1 예레미야가 아직 시위대 뜰에
갇혀 있을 때에
여호와의 말씀이
그에게 두 번째로 임하니라
이르시되

2 일을 행하시는 여호와,
그것을 만들며 성취하시는 여호와,
그의 이름을 여호와라 하는 이가
이와 같이 이르시도다

3 너는 내게 부르짖으라
내가 네게 응답하겠고
네가 알지 못하는
크고 은밀한 일을
네게 보이리라

예레미야 33:1-3

마태복음 11:28-30*

28 수고하고 무거운 짐 진 자들아
다 내게로 오라
내가 너희를 쉬게 하리라

29 나는 마음이 온유하고 겸손하니
나의 멍에를 메고 내게 배우라
그리하면 너희 마음이
쉼을 얻으리니

30 이는 내 멍에는 쉽고
내 짐은 가벼움이라 하시니라

마태복음 11:28-30*

이사야 41:10

10 두려워하지 말라
    내가 너와 함께 함이라
    놀라지 말라
    나는 네 하나님이 됨이라
    내가 너를 굳세게 하리라
    참으로 너를 도와주리라
    참으로 나의 의로운 오른손으로
    너를 붙들리라

    이사야 41:10

MEMO

사도행전 1:1-8

1 데오빌로여 내가 먼저 쓴 글에는
무릇 예수께서 행하시며
가르치시기를 시작하심부터

2 그가 택하신 사도들에게 성령으로 명하시고
승천하신 날까지의 일을 기록하였노라

3 그가 고난 받으신 후에
또한 그들에게 확실한 많은 증거로
친히 살아 계심을 나타내사
사십 일 동안 그들에게 보이시며
하나님 나라의 일을 말씀하시니라

4 사도와 함께 모이사
그들에게 분부하여 이르시되
예루살렘을 떠나지 말고
내게서 들은 바 아버지께서
약속하신 것을 기다리라

5   요한은 물로 세례를 베풀었으나
    너희는 몇 날이 못되어
    성령으로 세례를 받으리라 하셨느니라

6   그들이 모였을 때에 예수께 여쭈어 이르되
    주께서 이스라엘 나라를
    회복하심이 이때니이까 하니

7   이르시되 때와 시기는
    아버지께서 자기의 권한에 두셨으니
    너희가 알 바 아니요

8   오직 성령이 너희에게 임하시면
    너희가 권능을 받고
    예루살렘과 온 유대와 사마리아와
    땅 끝까지 이르러
    내 증인이 되리라 하시니라

    사도행전 1:1-8

마태복음 6:33

33 그런즉 너희는
먼저 그의 나라와
그의 의를 구하라
그리하면 이 모든 것을
너희에게 더하시리라

마태복음 6:33

303비전꿈나무

말씀암송선포
체크표

주일	월요일	화요일	수요일	목요일	금요일	토요일

구원의 투구와 성령의 검 곧 하나님의 말씀을 가지라

에베소서 6:17

년	월					
주일	월요일	화요일	수요일	목요일	금요일	토요일

구원의 투구와 성령의 검 곧 하나님의 말씀을 가지라

에베소서 6:17

년   월

주일	월요일	화요일	수요일	목요일	금요일	토요일

구원의 투구와 성령의 검 곧 하나님의 말씀을 가지라

에베소서 6:17

년 월

주일	월요일	화요일	수요일	목요일	금요일	토요일

구원의 투구와 성령의 검 곧 하나님의 말씀을 가지라

에베소서 6:17

	년		월			
주일	월요일	화요일	수요일	목요일	금요일	토요일

구원의 투구와 성령의 검 곧 하나님의 말씀을 가지라

에베소서 6:17

저는 5살 딸을 키우는 엄마입니다. '말씀암송 선포노트'를 사용하면서 저희 가정에 말씀암송예배가 자리를 잡게 되었습니다. 태어난 지 1년밖에 안 되어 아직 말을 하지 못하는 아이라도 말씀 구절과 말씀에 맞는 그림을 보고 그 부분에 있는 말씀을 기억하는 모습을 보았습니다. 창세기가 어디 있는지 찾기도 하고, "불에 던져 사르느니라"라는 말씀 옆에 있는 불 그림을 보며 '불'은 물론 '포도', '나무' 등 사물의 이름을 알아가기 시작했습니다. 또한 곳곳에 있는 십자가 그림과 예수님의 모습을 좋아하고, 말씀 그 자체가 재밌는 것이라는 인식이 아이에게 심겨지는 모습을 보았습니다.

커다란 글씨와 그림, 자신의 사진이 붙어 있는 '말씀암송 선포노트'를 가지고 말씀을 암송하면, 예배 시간에 100절의 말씀을 선포한다고 해도 지루할 틈이 없었습니다. 예배 시간이 아니더라도 책장에 있는 '말씀암송 선포노트'를 수시로 꺼내어 숫자도 보고 그림과 글자도 보면서 그 책을 사랑하고 말씀을 좋아하게 되었습니다. 암송노트로 아이와 함께 암송하면 집중이 더 잘되고, 쉽고 친근하게 말씀을 마음에 새길 수 있습니다. '말씀암송 선포노트'의 말씀을 따라하기도 하고 자신이 그동안 보아온 그림들을 설명하면서 즐거운 대화를 합니다. 밖에서 그네를 타거나 산책할 때도 암송노트에 나온 그림이나 숫자를 이야기하며 말씀을 선포하기도 합니다. 말씀을 가지고 이렇게 기도도 합니다. "예수님, 저의 죄를 예수님의 피로 깨끗하게 씻어주시고 기름을 제 머리에 부어주시고 제 잔을 채워주세요. 예수님처럼 바르게 살도록 도와주세요. 예수님의 이름으로 기도합니다. 아멘." 말씀을 즐겁고 행복하게 알아갈 수 있게 해준 '말씀암송 선포노트'를 저도 사랑하고 저의 딸도 사랑합니다.

유경희, 수지선한목자교회
유니게 115기, 샤이닝키즈 말씀암송 부장

처음 유니게 과정을 들었을 때는 아이가 초등학교 입학을 앞두고 있던 때라 한글을 완벽하게 읽지 못했습니다. 그래서 제가 암송할 말씀을 아이들에게 먼저 들려주면서 첫 암송을 시작했습니다. 그리고 아이가 자라가면서 혼자 읽을 수 있도록 암송할 말씀을 스케치북에 색연필로 색깔을 넣어 한 페이지에 한 절씩 써주었습니다.

그렇게 스케치북이 몇 권씩 쌓여가고 아이가 초등학교 3학년이 되었을 때, '말씀암송 선포노트'를 만나게 되었습니다. 가장 마음에 들었던 점은 엄마와 아이가 함께 선포할 수 있게 말씀이 구절별로 잘 나누어져 있다는 것이었습니다. 아이들과 함께 말씀 한 줄을 큰소리로 세 번씩 선포하면 되었기 때문에 오늘은 얼마큼 선포하면 되는지, 어디서 끊어야 하는지를 아이들에게 따로 설명해줄 필요가 없었습니다. 암송 구절의 주소와 절수를 잘 기억하지 못했던 아들은 각 절마다 적당하게 간격이 띄어진 암송노트 덕분에 주소와 절수를 조금씩 기억하기 시작했고, 뿐만 아니라 한글을 가르친 적 없던 작은아이는 자신이 외웠던 말씀을 한 글자씩 보는 것만으로도 한글을 다 읽고 정확하게 쓸 수 있게 되었습니다. '와! 이 책 참 신통방통하네!'라고 생각하며, 말씀을 암송하는 다른 엄마들에게도 권해주었습니다.

이승진, 대전하나교회
유니게 과정 88기, 세빛선교학교 학부모

하나님은 저에게 5명의 아이를 맡겨주셨습니다. 아이들이 커갈수록 말씀에 대한 부담감은 커져갔고, 말씀으로 아이들을 양육하는 것이 주일학교 교사들이나 사역자의 몫이 아닌 엄마인 저의 몫이라는 것을 깨달았습니다. 고민하며 이런 방법 저런 방법을 다 써보았지만, 아이들이 훈련되는 것 같지도, 큰 변화가 보이는 것 같지도 않았습니다. 특히 말씀암송이 좋은 건 알았지만 시작할 수 없었습니다. '말씀암송' 하면 제일 먼저 떠오르는 것이 "암기! 부담 백배"였고, 못 외우면 아이들 탓만 하며 혼내기 일쑤여서 제대로 시작도 못했습니다. 그러다 김은희 선생님과 '말씀암송 선포노트'를 만나게 되었습니다.

'말씀암송 선포노트'를 보며 말씀을 선포하는 것이 영의 양식을 먹는 식사시간이라고 생각하고 매일 꾸준히 하니 저절로 외워지는 게 너무 신기했습니다. 거기에다 보기 좋은 글자체와 포인트, 삽화까지 있어서 눈을 감아도 어느 부분을 하고 있는지 눈앞에 그려지는 것이 신기했습니다. 3세 막내 아이는 삽화를 보면서 말씀구절을 기억했습니다. 글씨를 못 읽던 5세, 6세 두 아이가 가장 말씀암송을 잘했는데, 6세 아들은 말씀암송으로 한글도 뗐습니다. 각자 '내 책'이라는 애착이 있어서 말씀암송을 더 즐겁게 하고 있습니다. 초등학교 3학년인 첫째는 5명 중에 암기력이 가장 약하다고 느꼈던 아이인데, 지금은 암기력이 많이 향상되어서 반에서 뭐든지 제일 빨리 외우는 아이가 되었습니다. 당연히 성적도 훨씬 좋아졌습니다.

이에스더 사모
이스라엘 선교사

저는 12세, 10세, 7세, 5세의 천방지축 네 아들을 어떻게 키워야 할지 씨름하며 지내고 있었습니다. 말씀암송이 중요한 줄은 알았지만, 나이 차이가 나는 아이들을 어떻게 가르쳐야 할지 모르던 중 '말씀암송 선포노트'를 만나게 되었습니다. 오랜 시간 말씀을 아이들에게 먹여온 엄마의 노하우로 만들어진 이 책을 만나면서 저희 아이들도 매일매일 말씀을 암송하게 되었습니다. 처음에는 막내까지 암송을 할 수 있으리라 기대도 못 했는데, 형들의 암송 소리를 매일 들으며 자연스럽게 말씀을 외우게 되었고 책의 그림을 보며 책장을 따라 넘기는 모습이 정말 신기했습니다.

아이들에게 꼭 심어주고 싶은 중요한 말씀들이 아이들이 보기 좋은 크기와 색의 글씨로 쓰여 있고, 어디서 끊어 읽어야 할지 색으로 구별되어 있어 암송 훈련을 시키는 엄마에게 큰 도움이 되고 있습니다. 아직 한글 읽기가 익숙하지 않은 7세 아이에게는 좋은 한글공부가 되고 있습니다. 또한 그림이 있어서 글을 읽지 못하는 5세 아이도 말씀과 그림을 연결하며 말씀을 이해하고 암송하는 데 큰 도움이 됩니다. 네 아들 중 유난히 집중력이 약해 가만히 있지 못하고 무슨 일이든지 쉽게 싫증을 내는 아이가 있는데, 말씀암송을 하면서 집중력도 좋아지고 자신감도 향상되었습니다. 이제는 영의 양식 시간을 소중히 여기며 매일 각자의 '말씀암송 선포노트'를 펴고 나란히 앉아 말씀을 암송하고 있습니다.

이은실 사모, 광주포도원교회
예수전도단

첫 아이가 초등학교 2학년일 때, 큰 글씨 버전의 '말씀암송 선포노트'를 접했습니다. 출간되기 전에 김은희 집사님이 직접 프린트해서 만들어준 책이었습니다. 그 책을 첫째부터 지금 6세인 셋째까지 4년 동안 함께 읽고 암송하며 말씀을 선포하고 있습니다. '말씀암송 선포노트'로 첫째와 말씀을 선포하다 보니, 옆에서 놀던 둘째도 그 소리를 듣고 자연스럽게 따라하기 시작했습니다. 그렇게 들으면서 시작한 둘째는 처음에는 말씀을 부정확하게 암송하곤 했습니다. 그런데 다른 색깔의 글씨로 쓰인 말씀구절을 보면서 색에 반응하며 서서히 말씀을 정확하게 암송하기 시작했습니다. 말씀구절을 색깔로 구분해놓은 것이 '말씀암송 선포노트'의 특별한 비법이라는 사실을 알게 되었습니다. 그리고 아직 한글을 모르는 셋째는 말씀 옆에 그려진 그림을 기억하며 암송하고 있다는 사실을 알게 됐습니다. 말씀과 관련된 그림을 통해 자연스럽게 말씀을 이해하고 선포하고 있었던 것이죠. 그러면서 '말씀암송 선포노트'의 그림들도 아이가 내용을 즐겁게 잘 이해할 수 있는 아이들 맞춤비법이라는 사실을 알게 됐습니다. 그런데 여기서 끝이 아니었습니다. 어느 순간부터 남편도 같이 말씀을 암송하게 된 것입니다. 그렇게 '말씀암송 선포노트'는 저희 가정에 놀라운 역사를 가져다준 매일의 필독서가 되었습니다. 이 책의 역사는 김은희 집사님의 자녀 때부터 시작했으니 20년이 훌쩍 넘었겠네요. 어떻게 하면 성경말씀을 즐겁고 쉽게 암송할 수 있는지 지혜로운 노하우가 그 역사만큼 차곡차곡 담긴 책입니다.

정진미, 대전하나교회
세빛선교학교 학부모, 정감스토리 대표

4세와 7세 두 아들과 함께 '말씀암송 선포노트'를 접한 지 햇수로 3년이 되었습니다. 저는 자녀들에게 세상 가치관이 들어오기 전에 하나님의 말씀을 새겨주고 싶었습니다. 여러 가지 방법을 시도해보았으나, 시간이 많이 소요되어 자녀들의 집중력이 떨어지고 엄마의 노력과 정성도 많이 들다 보니 제가 먼저 지치곤 했습니다. 하지만 '말씀암송 선포노트'는 이런 부분에서 유익했습니다.

말씀을 선포하는 데 5분도 소요되지 않았고 엄마랑 같이 암송하니 아이들도 좋아했습니다. 혹시 엄마가 까먹었을 때는 아이들이 먼저 오늘 암송 안 했다고 이야기할 정도였습니다. 반복적으로 계속하다 보니 어느 순간 말씀이 외워졌고, 아이들은 혼자 놀 때도 외운 말씀을 흥얼거리곤 합니다. 집안일을 하면서 말씀 낭독을 들으면 저도 그 말씀들을 다시 읊조리게 됩니다. 가정예배도 '말씀암송 선포노트'로 해보니 간결하고 제가 투자한 에너지에 비해 효과가 컸습니다. 글씨도 크고 그림도 있고 자신의 이름과 사진이 있어 아이들이 본인의 책이라며 좋아합니다.

이아름, 수지선한목자교회
유니게 115기, 샤이닝키즈 말씀암송

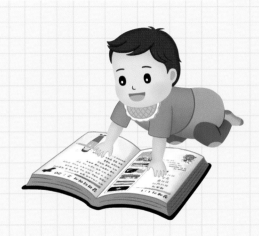

303비전꿈나무 말씀암송 선포노트

초판 1쇄 발행   2021년 3월 11일
초판 9쇄 발행   2025년 2월 10일

지은이   여운학, 김은희

펴낸이   여진구
책임편집   이영주
편집   박소영 최현수 구주은 안수경 김도연 김아진 정아혜
책임디자인   조은혜 | 마영애 노지현 정은혜
홍보 · 외서   진효지
마케팅   김상순 강성민   마케팅지원   최영배 정나영
제작   조영석 허병용   경영지원   김혜경 김경희

303비전성경암송학교 유니게 과정
이슬비전도학교 / 303비전성경암송학교 / 303비전꿈나무장학회

펴낸곳   규장

주소 06770 서울시 서초구 매헌로 16길 20(양재2동) 규장선교센터
전화 02)578-0003   팩스 02)578-7332
이메일 kyujang0691@gmail.com   홈페이지 www.kyujang.com
페이스북 facebook.com/kyujangbook   인스타그램 instagram.com/kyujang_com
카카오스토리 story.kakao.com/kyujangbook
등록일 1978.8.14. 제1-22

책값 뒤표지에 있습니다.
ISBN 979-11-6504-188-5 03230

규 | 장 | 수 | 칙

1. 기도로 기획하고 기도로 제작한다.
2. 오직 그리스도의 성품을 사모하는 독자가 원하고 필요로 하는 책만을 출판한다.
3. 한 활자 한 문장에 온 정성을 쏟는다.
4. 성실과 정확을 생명으로 삼고 일한다.
5. 긍정적이며 적극적인 신앙과 신행일치에의 안내자의 사명을 다한다.
6. 충고와 조언을 항상 감사로 경청한다.
7. 지상목표는 문서선교에 있다.

하나님을 사랑하는 자 곧 그의 뜻대로 부르심을 입은 자들에게는 모든 것이 合力하여 善을 이루느니라(롬 8:28)

규장은 문서를 통해 복음전파와 신앙교육에 주력하는 국제적 출판사들의
협의체인 복음주의출판협회(E.C.P.A:Evangelical Christian Publishers
Association)의 출판정신에 동참하는 회원(Associate Member)입니다.